글

역사는 큰별쌤 최태성 | 큰별쌤 최태성 선생님은 한국사를 가르칠 때면 슈퍼 파워를 내뿜는 열정적인 대한민국 1등 한국사 선생님입니다. 우리가 역사를 왜 배워야 하는지, 역사 속 사람들과 어떻게 대화하고 소통해야 하는지를 알려주시죠. 큰별쌤과 함께라면 역사는 더 이상 지루하고 어려운 과목이 아니랍니다. 역사를 웃음과 감동이 넘치는 재미있는 이야기로 만드시는 능력이 있으시거든요. 큰별쌤은 어린이부터 어른까지 한국사를 공부하고 싶은 사람 모두를 돕고 싶다는 마음으로 모두의 별별 한국사 연구소장이 되셨어요. 그리고 EBS와 모두의 별별 한국사 사이트, 유튜브 채널 최태성 1TV와 2TV에서 한국사 무료강의를 선보이고 있죠. TV와 라디오 등 방송을 통해서는 남녀노소 모두를 위한 역사 교양을 살뜰히 챙겨주시며 대중과 소통하고 있습니다.

윤소연 | 어릴 때부터 글을 쓰는 사람이 되고 싶어 방송국에서 구성작가로 일했습니다. EBS 어린이 범죄예방 드라마 '포돌이와 어린이 수사대', 한·중 합작 어린이 종합 구성물인 '렌과 쥴리의 찌무찌무 탐험대'를 썼고요. 지은 책으로는 『네 맘대로는 이제 그만』, 『갯벌아 미안해』, 『나는 다섯살, 소망반 선생님입니다』가 있습니다. 글 쓰는 즐거움에 행복한 나날을 보내고 있습니다.

그림

똥작가 신동민 | 대학에서 만화와 시각 디자인을 공부해서가 아니라 타고난 재치와 천재적인 예술적 감각으로 재미터지는 그림만을 선보여주시는 그림 쟁이. 쓰고 그린 책으로는 『똥까페』, 그린 책으로는 『최진기의 경제상식 오늘부터 1일』, 『용어사회 600』 등 무수한 작품을 배출하였습니다.

감수

모두의 별별 한국사 연구소 | 큰별쌤 최태성 선생님과 역사를 전공한 선생님들이 함께 우리 모두를 위한 별의 별 한국사를 연구하는 곳입니다. 어린이부터 성인까지 재미있고 즐겁게 공부할 수 있는 역사 콘텐츠를 만들기 위해 모두의 별별 한국사 연구소의 불은 밤늦게까지 환하게 빛나고 있습니다.

강승임 | 이화여자대학교 신문방송학과를 졸업하고 동대학에서 교육학 석사 학위를 받은 교육자입니다. 독서와 글쓰기를 주제로 한 다수의 교육서와 어린이·청소년 교양서를 집필한 작가이기도 합니다. 대표 저서로는 『꼬리에 꼬리를 무는 엄마표 독서기차』, 『긍정의 말로 아이를 움직이는 글쓰기책』, 『나만의 독서록 쓰기』 등이 있습니다.

등장인물

영상으로 만나는
한국사 수호대

강산

호기심 많은 꼬마탐정

취미★탐정놀이
특기★메모하기
아끼는 보물 1호★탐정수첩

사건의 실마리가 될 만한 사소한 일도 모두 탐정수첩에 적는다.
관찰력이 뛰어나 주위를 잘 살핀다.

머리에 책이 들어있는 듯 똑똑한 명랑 소녀

취미★책읽기
특기★궁금한 거 질문하기
아끼는 보물 1호★만능시계

궁금한 건 절대 못 참는 성격 탓에 역사를 지키고 번개도둑도 잡기 위한 시간 여행을 떠나게 된다.

바다

마음이 따뜻한 역사 선생님

취미★배부르게 먹기
아끼는 보물 1호★이 땅의 모든 아이들

듬직한 성격과 체력으로 침착하게 강산, 바다, 핑이를 보호한다.

큰★별쌤

덩치는 작지만 용감한 강아지

취미★킁킁대기, 먹기
특기★달리기, 점프하기, 왈왈 짖어대기
아끼는 보물 1호★맛있는 간식

"쾅" 하는 큰 소리를 무서워한다. 번개도둑 냄새에 민감하다.

핑이

번개도둑

보물을 훔쳐 역사를 바꾸는 악당

취미★도둑질
특기★숨기, 약 올리기
지금 아끼는 보물 1호★칠지도, 금동 대향로

변덕스러워서 갖고 싶은 보물이 자주 바뀜☆

번개가 치면 주문을 외우고 순간 이동을 한다. 온몸을 꽁꽁 싸매 정확한 생김새를 아무도 모른다.

지난 이야기

1권

어느 날, 강산이는 2층 다락방에서 무전기를 발견했어요. 무전기에서는 번개도둑들의 대화가 흘러나오고 있었어요.

강산이에게 번개도둑 이야기를 들은 큰별쌤은 깜짝 놀랐어요.
"번개도둑은 보물을 훔쳐 역사를 망가뜨리는 악당이야. 온몸을 꽁꽁 싸매고 있지."

역사를 지키고 번개도둑도 잡기 위해 한국사 수호대는 시간 여행을 떠나게 되었어요. 문 안의 세계는 지금으로부터 아주 아주 먼 옛날, 선사 시대로 이어져 있었어요.

'돌멩이의 시대' 구석기→신석기 시대에서 번개도둑이 망쳐놓은 역사를 바로 잡았어요.

번개도둑은 청동기 시대에서 비파형 동검을, 철기 시대에서 명도전과 세형동검을 훔치려 했지만 한국사 수호대가 모두 지켜냈어요.

번개도둑이 고구려에 나타났어요!
주몽을 방해하는 번개도둑을
혼내주었죠.

고구려 땅을 크게 넓힌 광개토 대왕을 만났어요. 고구려 땅을 좁히려던 번개도둑을 막아냈어요.

맙소사! 수나라 군대가 고구려에 쳐들어왔어요.
한국사 수호대는 을지문덕 장군을 도와
수나라 군사로 변장한
번개도둑을 모두 찾아 쫓아냈어요.

이번엔 당나라 군대가 쳐들어왔어요.
흙산을 쌓아 안시성으로 쳐들어오려 했지만 성 안의
고구려 백성들과 군사들은 힘을 합쳐 당나라의 공격을 막았어요.
하늘도 고구려의 용기에 감동한 걸까요?
비가 내려 흙산이 와르르 무너져 버렸어요.

고구려의 역사는 지켰지만
번개도둑은 백제로 도망갔어요.
퀴즈를 모두 맞혀 튜브를 얻었어요.

번개도둑 몽타주 완성하기

고구려에서 번개도둑의 장갑을 벗겨 냈어요.
이제 번개도둑의 머리 모양과 손 모양을 알게 되었어요.

 힌트
1. 붉은 갈색의 뽀글뽀글 엉켜 있는 파마머리
2. 손가락이 엄청 짧고 통통하며 손등엔 북슬북슬 털이 많음

친구들이 놀이터에서 신나게 놀 때 강산이는 혼자 *생각에 잠겨 있었어요.

"바다야, 고구려와 같은 시대에 있었던 나라들 기억나?"

"그럼 기억나지. 백제와 신라!"

바다가 고개를 끄덕이며 자신 있게 답했어요.

"그렇다면 분명 번개도둑은 두 나라 중 한 곳으로 갔을 거야."

두두둑 두두둑 갑자기 하늘에서 굵은 빗방울이 떨어지기 시작했어요.

저 멀리 우산을 들고 헐레벌떡 뛰어오는 큰별쌤이 보였어요.

그 뒤를 핑이가 쫄랑쫄랑 따라오고 있었어요.

*생각에 잠기다: 한 가지 일에 대해 깊이 생각한다는 뜻이에요.

"비와 천둥번개. 번개도둑이 움직이기 딱 좋은 날씨야.
무전기에서 어떤 소리가 들릴지도 몰라."

큰별쌤 말에 강산이는 가방을 뒤적였어요.

강산이가 가방에서 무전기를 꺼내는 순간 치지직 치직.

무전기에서 소리가 들리기 시작했어요!

낯선 사내의 목소리였어요.

"이보시오! 거기 아무도 없소? 나는 비류왕의 신하요.
검은색 망토를 두른 누군가가 비류왕의 말을 훔쳐 도망갔소.
네모나고 딱딱한 이 요상한 물건만 떨어뜨리고 말이오!"

"번개도둑이 나타났다!"
강산이와 바다가 소리쳤어요.
"저는 강산이에요. 검은 망토를 두른 건 번개도둑이고요. 제가 갈 때까지 네모나고 딱딱한 그 물건을 보관해 주실 수 있나요?"
강산이는 흥분했는지 침까지 튀기며 말했어요.

"얘들아, 번개도둑이 온조와 비류 형兄제弟가 백제를 세우던 때로 간 것 같구나.
모두 준비됐니? 온조와 비류 형제를 만나러 출발하자."

兄 형 형 : 형제의 '형'은 '형(兄)'이라는 뜻이에요.
弟 동생 제 : 형제의 '제'는 '동생(弟)'이라는 뜻이에요.

백제를 세운 온조

온조와 비류는 고구려를 세운 주몽의 아들이에요.

주몽이 부여에서 온 큰아들 유리에게 왕위를 물려주자 비류와 온조는 크게 실망했어요. 그래서 다른 곳으로 떠나 새로운 나라를 세우기로 결심했지요.

*위례 : 오늘날의 서울
*미추홀 : 오늘날의 인천

말을 타고 남南쪽으로 한참을 달려 한강이 흐르는 *위례에 도착했어요.

온조는 큰 강이 흘러 교통이 편리하고 땅이 기름져 곡식이 무럭무럭 자라는 위례가 마음에 쏙 들었지요.

하지만 비류는 바닷가 근처인 *미추홀이 더 좋았어요.

南 남녘 남 : 남쪽은 북쪽의 반대 방향. 해가 뜨는 쪽을 보고 섰을 때 오른쪽 방향이에요.

"온조랑 헤어진 비류가 미추홀로 가던 중 번개도둑을 만난 것 같아요. 그때 무전기를 흘렸을 거에요."

강산이의 추리에 큰별쌤의 눈이 휘둥그레졌어요.

"비류가 있는 미추홀로 가야 해. 번개도둑은 틀림없이 무전기를 찾으러 올 거야. 새롭게 시작될 백제의 역사를 망치려 하고 있어."

큰별쌤 가슴에서 노란 별이 빛나면서 바닥에 큰 구멍이 만들어졌어요.

강산, 바다, 큰별쌤, 핑이는 미추홀을 외치며 시간의 문으로 들어갔어요.

넓은 논밭이 펼쳐진 곳에 큰별쌤, 강산, 바다, 핑이가 떨어졌어요.

주위를 둘러보니 벼가 축 늘어져 있는 것이 농사를 망친 듯 보였어요.

"앗! 저기 보세요! 번개도둑이에요."

바다가 번개도둑을 발견하곤 소리쳤어요.

번개도둑이 백성들 몰래 땅에 소금기 가득한 짠 바닷물을 퍼붓고 있었어요.

"번개도둑이 비류의 나라를 망치려고 못된 짓을 하고 있었군."

큰별쌤이 화가 난 목소리로 말했어요.

한 농부가 털썩 주저앉으며 울먹였어요.

"비류왕님. 물이 너무 짜서 농사를 망쳤어요."

"배도 고프고 여기서 못 살겠어요!"

백성들의 말을 들은 비류왕이 *쓸쓸한 표정으로 말했어요.

"땅에 소금기가 많아 곡식이 잘 자라질 않으니 큰일이구나. 온조를 따라 위례로 갈 걸 그랬어."

비류왕은 자신의 결정을 후회하다 죽고 말았어요.

*쓸쓸하다: 기분이 안 좋고 마음에 안 든다는 뜻이에요.

비류왕의 신하가 백성들을 불러 모았어요.
"여러분! 온조왕이 사는 위례로 갑시다.
 땅이 *기름져 곡식이 잘 자라 모두가 배불리 먹고 살 수 있답니다."
위례로 가던 중 비류왕의 신하가 주머니에서 네모난 물건을 꺼내
휙~ 던지며 말했어요.
"이 요상한 물건은 버릴테야. 불길한 느낌이야."
온조는 비류왕의 신하들과 백성들을 기쁘게 맞아 주었어요.
온조는 백성들 모두가 자신을 즐겨 따르자, 나라 이름을 *백제로 하였어요.

> *기름지다: 땅에 양분이 많다는 뜻이에요.

> *백제: 모든 백성들이 따른다고 해서 정한 이름이에요.

번개도둑이 더 빨리 무전기를 찾고 말았어요.
무전기를 찾은 번개도둑은 룰루랄라♬
빙글빙글◎◎ 춤을 추며 주문을 외웠어요.
✦얄라빵빵 얄라봉봉 잠긴 시간의 문아, 번개의 힘으로
열려라 번쩍번쩍!✦

번쩍! 하늘에서 번개가 치자 나무에 큰 구멍이 생기며
시간의 문이 열렸어요.
"구멍이 점점 작아지고 있어."
강산이가 먼저 구멍 안으로 뛰어들자
핑이, 바다, 큰별쌤도 뒤따라 쑤욱 들어갔어요.

바다 건너 왜에까지 전해진 백제의 뛰어난 문화

✦반짝반짝✦

강산이와 바다, 핑이는 화려한 장식이
가득한 왕궁으로 떨어졌어요.
앗! 그런데 큰별쌤이 보이지 않았어요.
강산이와 바다는 두리번두리번 주위를
살폈어요.
왕으로 보이는 남자가 이웃 나라 *왜에서
온 사신을 만나고 있었어요.

*왜 : 오늘날의 일본

"백제로 오느라 수고가 많았소. 저번에 우리를 도와줘서 고맙소!"

"당연히 백제를 도와야지요. 도움이 필요하면 이야기하시지요."

백제 왕과 왜의 사신은 주거니 받거니 대화를 이어나갔어요.

"이 칼은 왜왕에게 주는 선물이오. 앞으로도 사이좋게 지냅시다."

"이렇게 아름다운 칼은 처음 봅니다. 평생 간직하겠사옵니다."

왜의 사신은 씨익 웃으며, 칼을 상자에 넣었어요.

"지금은 백제가 가장 잘 나가던 근초고왕 시대 같구나."

기둥에 거꾸로 매달려 있던 큰별쌤이 쓱~ 미끄러져 떨어지며 말했어요.

갑자기 왕궁 안이 소란스러워졌어요.

"저기 번개도둑이에요. 비단 보자기로 싼 상자를 훔쳐 달아나요."

바다가 변장한 번개도둑을 발견하고 소리쳤어요.

색칠하기

번개도둑이 훔친 상자 안에 든 보물은 무엇일까요?
글자들을 색칠해 어떤 보물이 들어있는지 알아보아요.

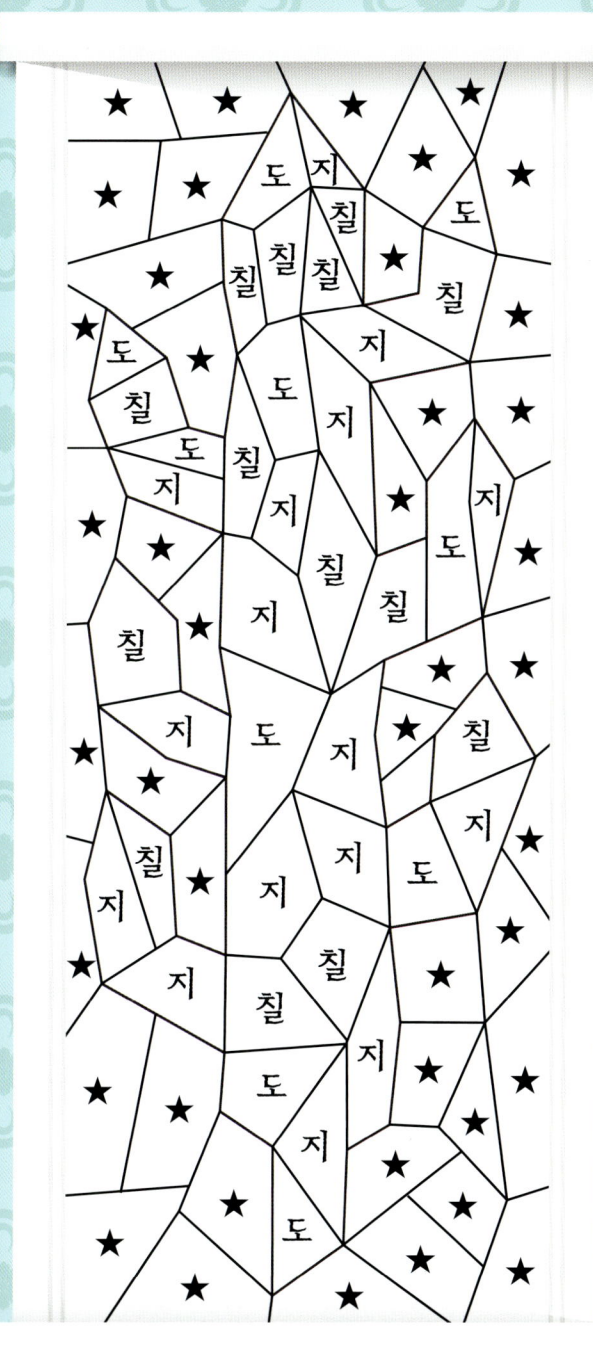

다음 글자들 중
'칠'이라는 글자는 초록색
'지'라고 적힌 글자는 주황색
'도'라는 글자는 갈색
'★' 표시는 노란색 으로
색칠하세요.

큰★별쌤 추리

번개도둑이 왜 칼을 훔쳐갔을까?
칼에 신비한 힘이라도 있는 걸까? 좀 더 알아보자.

보물 ★ 칠지도

七 일곱 칠: 칠지도의 '칠'은 '일곱(七)'이라는 뜻이에요.

"번개도둑이 왜 칼을 훔치려 하죠?
 칼은 우리 집에도 있는걸요."
"저 칼은 칠七지도란다."
"칠지도는 무슨 지도예요?"
강산이의 물음에 큰별쌤이 칠지도에 대해
이야기를 해주었어요.
"칠지도는 '일곱 개의 가지가 있는 *검'이야.
 보통 검은 일자로 되어 있지만
 이 검은 특이한 모양이라 한번 보면
 오래 기억에 남지."

*검 : 칼

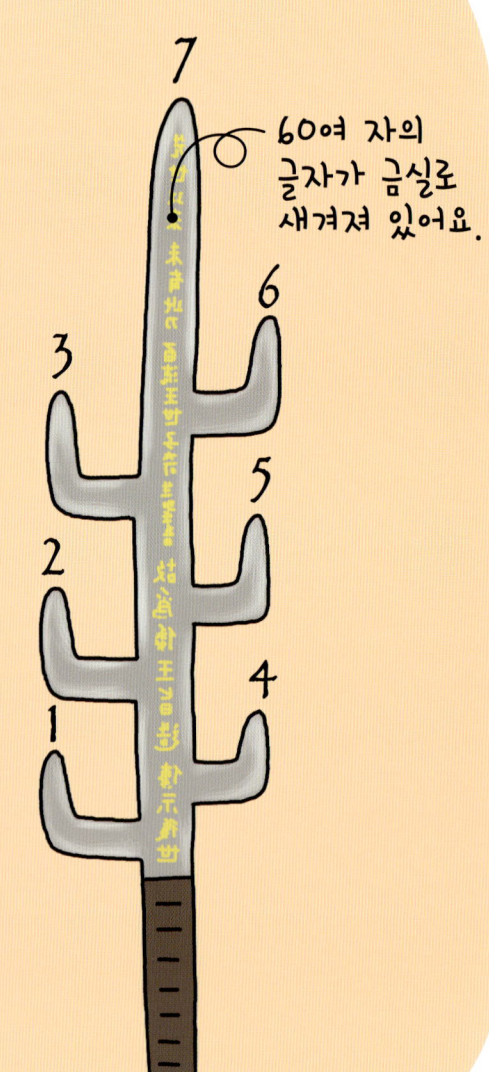

60여 자의 글자가 금실로 새겨져 있어요.

"배를 멈춰야 해! 배에 실린 선물 상자에
칠지도가 들어있어."

다급해진 큰별쌤이 하하! 소리내어 웃었어요.

번개도둑과 뱃사공이 환하게 쏟아지는

노란 별빛에 한눈을 파는 사이

핑이가 잽싸게 보자기로 싼 상자를 바꾸었어요.

늦게 알아차린 번개도둑이 버럭 소리를 질렀어요.

우르릉 쾅쾅!

화난 번개도둑이 검은 구름을 부르자 무섭게 번개가 쳤어요.

얄라방방 얄라봉봉 잠긴 시간의 문아, 번개의 힘으로 열려라 번쩍번쩍!

주문을 외우자 커다란 구멍이 만들어지고 번개도둑은 사라져버렸어요.

백제의 보물 창고, 무령왕릉

"깜깜해서 앞이 안 보여. 꺄아악.
이게 뭐죠? 입술이 빨개요."

"걱정마. 돌로 만든 거야. 진짜 짐승이
아니고 가짜 짐승이야."

놀란 바다를 강산이가 토닥여주었어요.

큰별쌤은 넓은 돌판을 발견하고 걸음을 멈추었어요.

바다는 만능 시계를 켜서 돌판에 새겨진 글자를 읽을 수 있도록 큰별쌤을 도왔어요.

돌판에는 '무령왕과 왕비의 무덤'이라고 적혀 있었어요.

"여기는 위험에 빠졌던 백제를 다시 일으켜 세운 무령왕의 무덤 안이란다.
 돌짐승은 무덤을 지키고 있는 거야."

무덤의 방 안을 살피던 큰별쌤의 표정이 어두워졌어요.

무령왕과 왕비의 관이 놓여진 곳 주변이 어지럽혀 있었어요.

"저기 번개도둑이에요."

바다가 다급하게 외치며 도망가는 번개도둑 앞을 가로막았어요.

번개도둑의 손에는 무령왕릉의 보물들을 담은 보따리가 들려 있었어요.

"번개도둑! 무령왕릉의 보물들을 당장 제 자리에 갖다둬."

"나와의 대결에서 이기면 돌려주지."

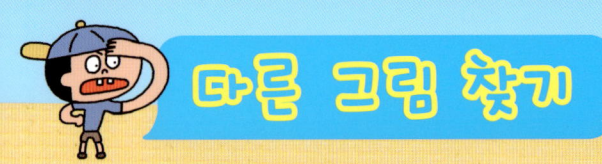
다른 그림 찾기

무령왕릉에는 백제의 화려한 보물이 묻혀있어요. 번개도둑이 어지럽힌 무령왕릉 보물들을 정리해야 해요. 양쪽 그림을 보고 서로 다른 곳 7군데를 찾아보세요. 번개도둑보다 빨리 찾아서 정리해 보아요.

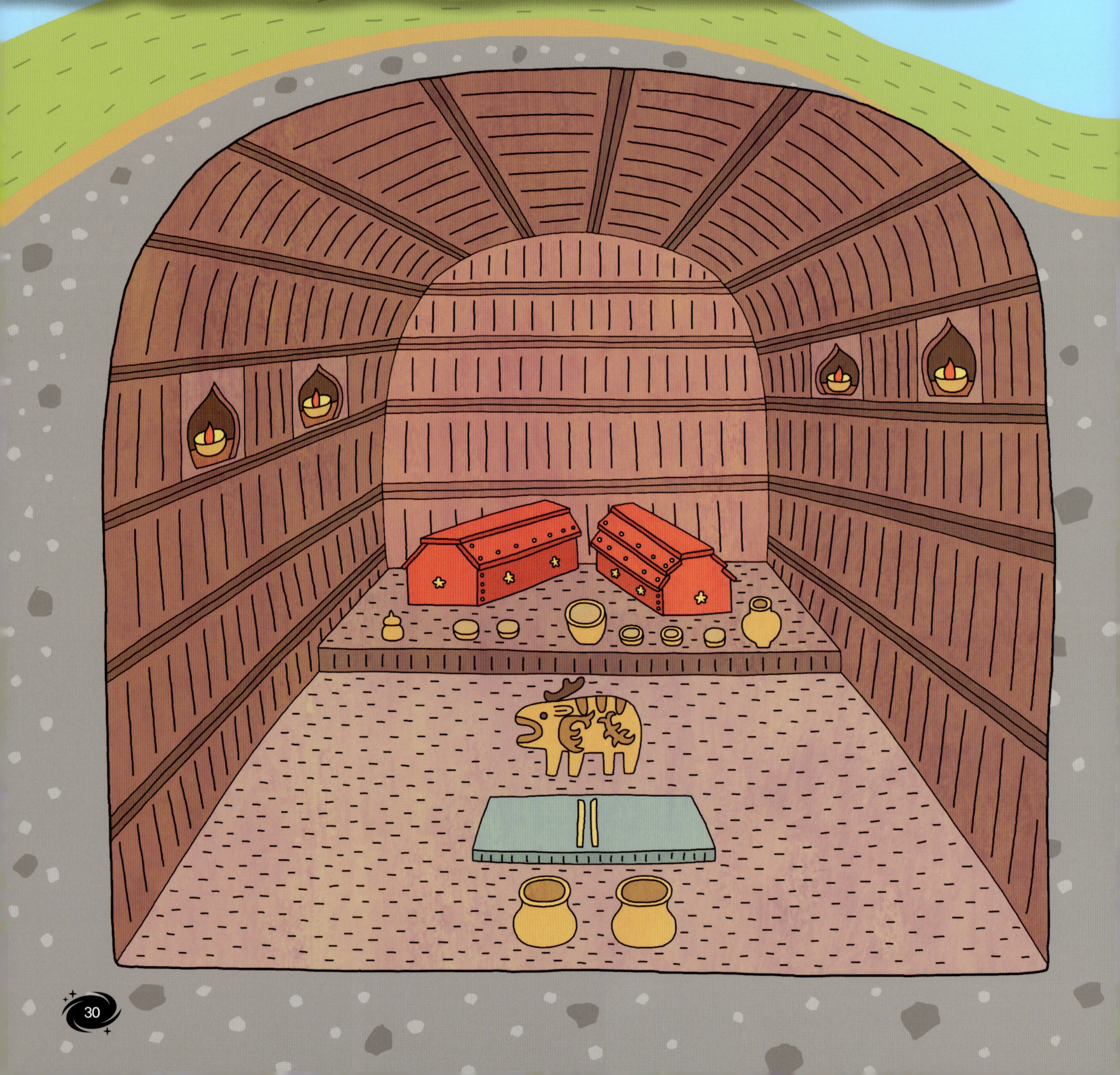

"에잇! 나보다 잘 찾아 내다니."

✨얄라방방 얄라봉봉 잠긴 시간의 문아, 번개의 힘으로 열려라 번쩍번쩍!✨

그런데 이상하게도 무덤의 벽에 시간의 문이 생기질 않았어요.

"무령왕릉 벽이 벽돌로 되어 있어서 그런가?

역시 벽돌무덤이 튼튼하군. 일단 무덤 밖으로 나가야겠어."

번개도둑은 재빨리 무덤 밖으로 나가 주문을 외웠어요.

흙바닥에 시간의 문이 생기자 번개도둑이 잽싸게 뛰어들었어요.

일단 무덤 안에서 빨리 빠져나가야겠다.

신비한 꿈을 꾸고 미륵사를 세운 무왕

"미륵사에 백제의 힘을 보여주는 큰 탑을 지읍시다."

무왕과 왕비는 *석공들이 탑을 짓는 모습을 바라보며 흐뭇한 미소를 지었어요.

"여기가 미륵사라면, 저 탑은 미륵사지 석탑이겠군."

석공의 말을 들은 큰별쌤이 말했어요.

큰별쌤은 미륵사에 얽힌 신비한 이야기를 시작했어요.

*석공: 돌을 다루어 물건을 만드는 사람이에요.

"어느 날 무왕과 왕비가 용화산 아래 큰 연못가를 지나는데 물 속에서 부처님 세 분이 스르르 솟아 올랐어. 왕비는 부처님이 백제를 보살펴 주려는 것이라며 크게 기뻐했지. 무왕과 왕비는 연못이 있던 자리에 큰 절을 짓기로 했어. 무왕은 솜씨 좋은 기술자들을 모두 불러 정성을 다해 절을 짓기 시작했어. 무왕과 왕비가 부처님을 세 분이나 보았기 때문에 미륵사에도 세 개의 탑을 지었지."

바로 그때 번개도둑의 모습이 빼꼼 보였어요.
강산이는 번개도둑을 잡으려다 그만
빛나는 무언가에 걸려 넘어지고 말았어요.
신비롭게 빛나는 황금金색의 돌이었어요.

金 쇠 금 : 황금은 누런 빛의 아름다운 광택이 나는 금속을 말해요.

넘어지면서 머리를 바닥에 쿵 하고 부딪힌 강산이는 이상한 꿈을 꾸었어요.

♬선화공주님은~ 남몰래 시집가 놓고~

서동 도련님을 밤에 몰래 안으러 간다네~♬♪

서동이란 남자가 아이들에게 *마를 나누어 주며 노래를 가르쳐 주고 있었어요.

아이들은 서동이 준 고소한 마를 먹으며 신나게 노래를 따라 불렀어요.

아이들이 가는 곳마다 노랫소리가 들렸어요.

노래는 퍼지고 퍼져 선화공주의 아버지인 신라 진평왕의 귀에까지 들어가게 되었어요.

화가 난 진평왕은 선화공주를 궁궐에서 내쫓았어요.

*마: 껍질은 삼베옷을 만드는 실로 쓰고, 줄기는 먹기도 하는 식물이에요.

서동은 신라에서 쫓겨난 선화공주를 백제로 데려왔어요.

낡고 *초라한 서동의 집을 본 선화공주는 신라를 떠나올 때 어머니에게서 받은 황금을 꺼내며 말했어요.

> *초라하다: 겉모양이 전혀 근사하지 않고 보잘것없다는 뜻이에요.

"이 황금으로 새 집도 짓고 밭도 사요."

"에이. 이 돌덩이로 무엇을 살 수 있단 말이오? 내가 마를 캐던 곳에 이런 돌들이 잔뜩 있다오."

서동이 껄껄 웃으며 말했어요.

서동이 말한 곳으로 가보니 황금색 돌덩이가 산처럼 쌓여 있었어요.

"이건 그냥 돌덩이가 아니라 황금이에요."

선화공주의 말을 들은 서동은 황금을 팔아 가난하고 병든 백성들을 도왔어요.

백성들의 마음을 얻은 서동은 백제의 서른 번째 임금인 무왕이 되었어요.

선화공주는 아름다운 왕비가 되었고요.

꿈에서 깨어난 강산이는 꿈에서 만났던 무왕과 선화공주 이야기를 들려 주었어요.

그 때 강산이의 눈에 핑이 옆에 몰래 앉아 있는 번개도둑의 모습이 보였어요.

"번개도둑! 언제부터 여기 있었어? 내 이야기를 엿들었던 거야?"

강산이가 톡 쏘아 붙였어요.

"너의 꿈 이야기는 엉터리야!"

번개도둑이 히죽히죽 웃더니 주문을 외웠어요.

✦얄라방방 얄라봉봉 잠긴 시간의 문아, 번개의 힘으로 열려라 번쩍번쩍!✦

백제의 마지막, 의자왕과 계백 장군

"전하, 전쟁에 나가기 전에 마지막으로 인사드립니다."

"마지막이라니? 꼭 이겨서 돌아오시오."

"죽기를 각오하고 백제를 위기에서 구하겠나이다."

의자왕은 *침통한 표정을 지으며 말을 잇지 못했어요.

계백 장군은 의자왕에게 절을 하고는 왕궁을 나섰어요.

*침통하다: 슬프고 걱정이 되어 마음이 몹시 괴롭다는 뜻이에요.

"우리가 백제의 마지막 순간에 온 것 같구나.
저기 보이는 왕은 백제의 마지막 왕인
'의자왕'이란다."

"의자요? 저는 책상이 좋아요. 킥킥 책상왕!"

"아휴. 그 의자가 아니잖아."

엉뚱한 소리를 하는 강산이를 향해 바다가 눈을 흘겼어요.
큰별쌤은 의자왕 이야기를 이어나갔어요.

"의자왕은 아버지 무왕이 죽고 왕위에 올랐어.
이웃 나라인 신라가 중국 당나라와 손을 잡고 백제를 공격하자
의자왕은 계백 장군에게 5,000명의 군사를 황산벌로 보내어 싸우게 했어.
동쪽에서는 신라 군대가 쳐들어 왔고, 서쪽 바다 건너에서는 당나라의
군대가 쳐들어 갈 기회만 엿보고 있었지."

"용감한 백제 군사들이여, 살아 돌아올 생각은 하지 마라! 신라군을 무찌르고 백제를 구하자!"

계백 장군은 *황산벌로 달려 나갔어요.

*황산벌: 오늘날의 충청남도 논산시 연산면 벌판

계백 장군과 5,000명의 백제 군사들은 죽기를 각오하고 용감하게 싸웠어요.

하지만 열 배나 많은 적을 물리치기는 어려운 일이었죠.

결국 신라와 당나라의 군대는 백제의 성을 무너뜨렸어요.

의자왕은 무릎을 꿇었고, 백제는 허무하게 멸망하고 말았어요.

한국사 수호대는 신라와 당나라의 군대를 피해 성을 빠져나와 절 안으로 몸을 숨겼어요.

그때 어디선가 흐느끼는 남자의 목소리가 들렸어요.

소리를 따라 가보니 백제의 신하가 땅 속에 백제의 보물들을 묻고 있었어요.

"흐흐흑, 신라와 당나라에게 우리의 보물을 빼앗길 수는 없어. 땅 속에 묻어두었다가 전쟁이 끝나면 꼭 다시 찾으리."

남자는 발이 떨어지지 않는지 뒤를 계속 돌아보며 흐느껴 울었어요.

남자의 모습이 보이지 않자 풀숲에 숨어있던 번개도둑이 모습을 드러냈어요.

번개도둑은 신하가 보물을 파묻은 곳을 파헤치기 시작했어요.

*향로: 향을 피우는 작은 그릇

번개도둑이 땅 속에서 반짝이는 보물을 꺼내 들어 올렸어요.

"백제 금동 대 *향로야. 훔치지 못하게 우리가 막아야 해."

큰별쌤이 소리치며 번개도둑을 향해 냅다 몸을 날렸어요.

놀란 번개도둑은 빨간 가루를 마구 뿌려댔어요.

"금동 대향로를 내가 갖지 못한다면 엉망으로 만들어 버릴거야."

"콜록콜록. 으악. 너무 매워."

기침을 멈추고 주위를 둘러보니 번개도둑은 온데간데 없이 사라지고 금동 대향로만 덩그러니 놓여 있었어요.

큰★별쌤 이야기

번개도둑이 탐내는 백제의 보물은 금동 대향로야. 향로 안에 향을 피우고 뚜껑을 닫으면 뚜껑에 있는 틈새로 향이 나오지. 신비롭지? 좀 더 가까이서 살펴보자.

보물 ★ 백제 금동 대향로

- 뚜껑 손잡이
- 뚜껑
- 몸체
- 받침

*높이 64cm
*무게 11.8kg

"뚜껑 위에 봉황이 여의주를 품고 있는데요?"

"금동 대향로는 봉황이 앉아있는 뚜껑과 용이 받치고 있는 연꽃 모양의 몸체로 이루어져 있어."

"연꽃을 물고 있는 용이 하늘로 올라가는 것처럼 보여요."

특명! 금동 대향로를 지켜라

번개도둑이 백제의 보물 금동 대향로를 엉망으로 만들려고 해요.

번개도둑이 빨간 가루를 뿌리자 금동 대향로 속 동물들과 백제 사람들이 달아나버렸어요.

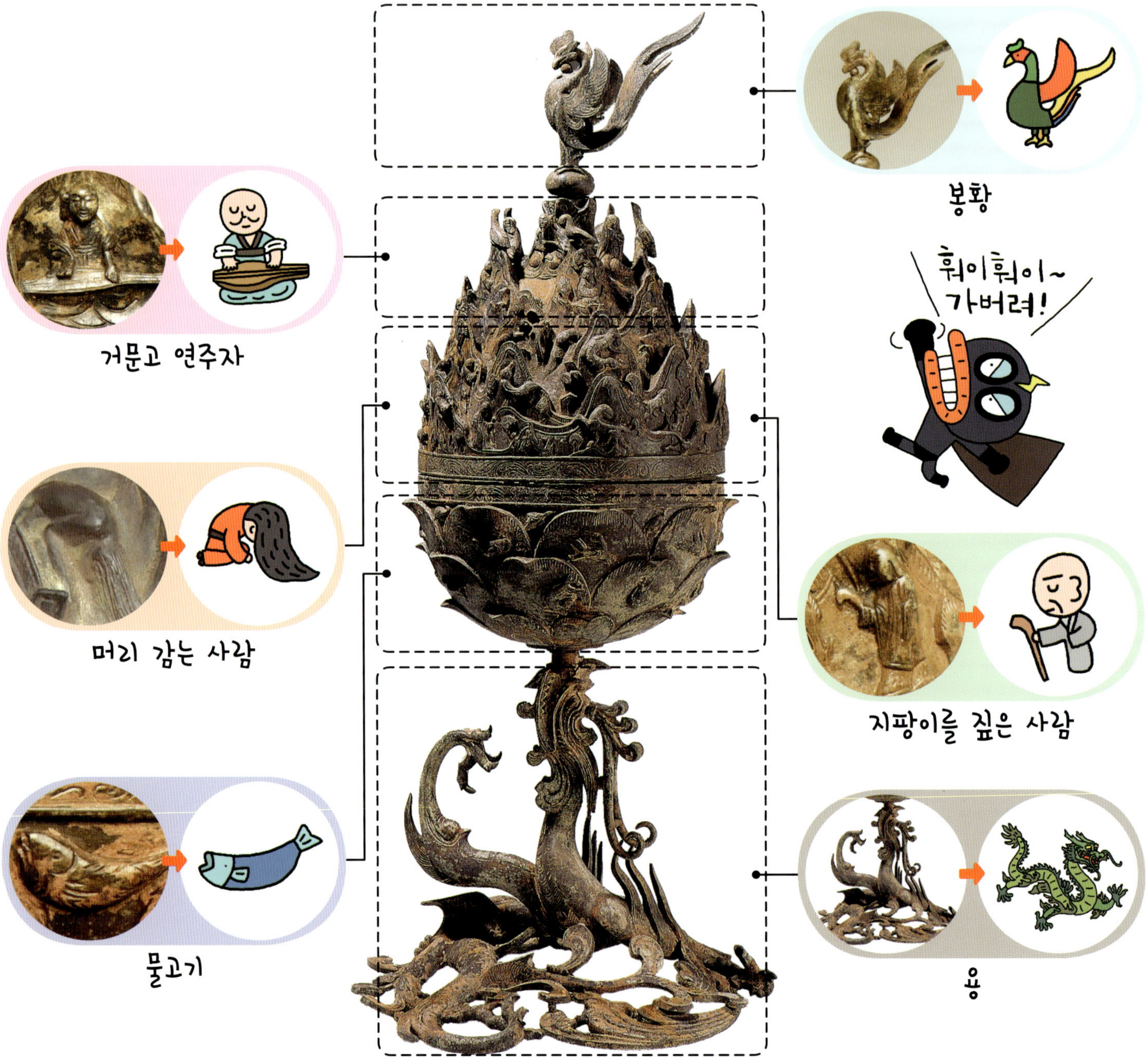

봉황

거문고 연주자

훠이훠이~ 가버려!

머리 감는 사람

지팡이를 짚은 사람

물고기

용

금동 대향로에 새겨진 백제의 사람들과 동물들을 모두 찾아내자 금동 대향로가 다시 본래 모습으로 돌아왔어요.

백제의 신하가 처음 금동 대향로를 숨겼던 곳으로 가서 금동 대향로를 다시 땅 속 깊숙이 묻었어요.

"백제는 이렇게 무너졌지만, 그래도 백제의 보물은 우리가 지켜냈구나."

큰별쌤이 바다와 강산이의 어깨를 토닥이며 말했어요.

"옷에 묻은 흙을 툭툭 털고, 손도 깨끗이 닦자."

바다와 강산이는 근처 강으로 발걸음을 옮겼어요.

강가에 다다랐을 때 둥둥 떠있는 호리병을 보았어요.

"강산아, 고구려 시대에서 얻은 튜브로 호리병을 꺼내보자."

강산이는 튜브를 타고 헤엄쳐 호리병을 건졌어요.

호리병 안에 들어있던 종이를 펴보았어요.

> 백제의 마지막을 함께한 보물을 꼭 지켜주시오.

"백제의 마지막을 함께 한 보물이 뭐죠? 땅 속에 다 묻었잖아요."

당황한 바다가 큰별쌤에게 물었어요.

"백제의 슬픈 역사를 간직한 탑. 번개도둑은 거기로 간 게 틀림없어. 정림사지 5五층 석탑으로 출발하자!"

> 五 다섯 오 : 오층의 '오'는 다섯 이라는 뜻이에요.

보물 조각 퍼즐 맞추기

호리병에서 꺼낸 종이에는 보물이 조각조각 그려져 있어요. 퍼즐을 완성해 보면 '백제의 마지막을 함께한 슬픈 탑'을 알 수 있을 거에요.

"저기 정림사지 5층 석탑이에요.
 번개도둑이 누군가와 같이 있는데요?"
"쉿! 뭔가 일을 꾸미고 있는 것 같아요."
큰별쌤과 바다, 강산이는 조용히 다가가 풀숲에 몸을 숨겼어요.
그런데 너무 작은 소리라서 잘 들리지 않았어요.
강산이는 드문드문 들리는 소리를 탐정수첩에 적었어요.
"당나라, 전쟁, 승리, 기쁘다"

정림사지 5층 석탑에

번개도둑과 함께

누군가가 있어요.

"당장 멈춰! 백제의 보물을 망가뜨리지 마."

큰별쌤이 풀숲에서 뛰쳐나가며 소리를 질렀어요.

하지만 한발 늦었어요.

번개도둑이 당나라 장수를 꼬드겨 정림사지 5층 석탑에 글씨를 새겨 넣게 한 거예요.

"당나라 장수님, 어차피 백제의 보물인데 낙서 좀 하면 어떻습니까?"

"그럼. 이 기분을 탑에 글로 새겨 두겠소."

백제와 싸워 승리를 거둔 당나라의 장수는 승리의 기쁨을 탑에 새기고 말았어요.

백제를 *정복하고 세운 탑

*정복: 다른 나라를 무력으로 무찔러 따르게 하는 거예요.

백제를 정복하고 세운 탑
- 소정방 -

번개도둑은 낄낄 웃으며 탑 주변을 빙빙 돌았어요.

"아름다운 백제의 보물에 낙서했지롱~"

강산이와 바다의 얼굴이 울그락불그락해졌어요.

"못된 녀석 같으니라구! 백제의 소중한 보물인데…. 번개도둑이 정말 *역사를 망치고 말았어요."

"비겁한 번개도둑! 내가 꼭 잡을 거야."

*역사 : 과거에 일어난 일들을 적어 놓은 기록을 말해요.

화가 잔뜩 난 강산이가 번개도둑한테 냅다 몸을 날렸어요.

"으아아악-"

번개도둑이 쓰고 있던 선글라스가 벗겨졌어요.

"나도 더 이상 가만 있지 않을 거야!"

번개도둑은 강산이의 머리를 주먹으로 콩 쥐어박았어요.

그 순간 번개도둑은 사라져 버리고 강산이의 손에는 번개도둑의 선글라스만이 쥐어져 있었어요.

"강산아 괜찮니? 어디 안 다쳤어?"

뒤늦게 달려온 큰별쌤이 걱정하며 물었어요.

"저는 괜찮아요. 번개도둑의 선글라스를 벗겼어요.

"그래? 그럼 눈은 보았니?"

"네. 날카롭게 생겼어요. 그리고 또 눈 밑에 큰 점도 있었고요."

강산이는 방금 본 번개도둑의 생김새를 잊기 전에 얼른 탐정수첩에 그려 놓았어요.

"번개도둑은 우리의 역사를 망치고 보물을 훔치는 걸 멈추지 않을 거야."

큰별쌤은 번개도둑이 떠난 후로도 한참을 하늘만 바라보았어요.

꼬르륵. 큰별쌤의 배에서 배꼽 시계가 울리자 강산이가 주머니에서 무언가를 꺼내 쓱 내밀었어요.

"주머니에 이게 들어있었어요. 먹는거죠?"

"고소한 마로구나. 하하!"

큰별쌤 티셔츠의 노란별에서 환한 빛이 뿜어져 나왔어요.

"마를 먹으면서 번개도둑을 어떻게 잡을지 고민해 보자."

부여 능산리 절터에서 발견된 향로

보물 카드를 찾아 여기에 올려주세요.
카드판

바다를 항해하는 백제인

카드판
보물 카드를 찾아 여기에 올려주세요.

멈춰! 끝난 줄 알았지?!

시작 ▶

카드판
보물 카드를 찾아 여기에 올려주세요.

백제 왕이 왜왕에게 선물한 일곱개의 가지가 있는 검

백제 카드 게임

게임 방법

1. '시작'이 쓰여있는 곳에서 출발한다.
2. 힌트를 보며 정답의 보물 카드를 카드판에 올려 놓는다.
3. 정답인 보물 카드를 올리면 한 칸씩 앞으로 갈 수 있다.
4. 모든 퀴즈를 끝내면 아이템을 얻을 수 있다.

금강을 경계로 신라와 대치하며 쌓은 성으로 지금은 미륵사지 탑만 남은 절

내 사랑 ♥ 선화공주

보물 카드를 찾아 여기에 올려주세요.

당나라 장수 소정방이 백제를 정복했다는 글자를 새겨놓은 탑

무령왕과 왕비의 무덤으로, 백제의 보물들이 함께 묻혀 있었어

Go! Go! 찬스!
고구려 보물 카드를 갖고 있으면 두 칸 앞으로 이동할 수 있어

돌다리 퀴즈

한국사 수호대는 번개도둑과 마지막 카드 게임을 하려 해요. 번개도둑이 탐내는 백제의 마지막 보물은 무엇일까요? 보물의 이름인 글자만 밟아서 강을 건너야 해요.

힌트 금으로 된 향을 피우는 그릇

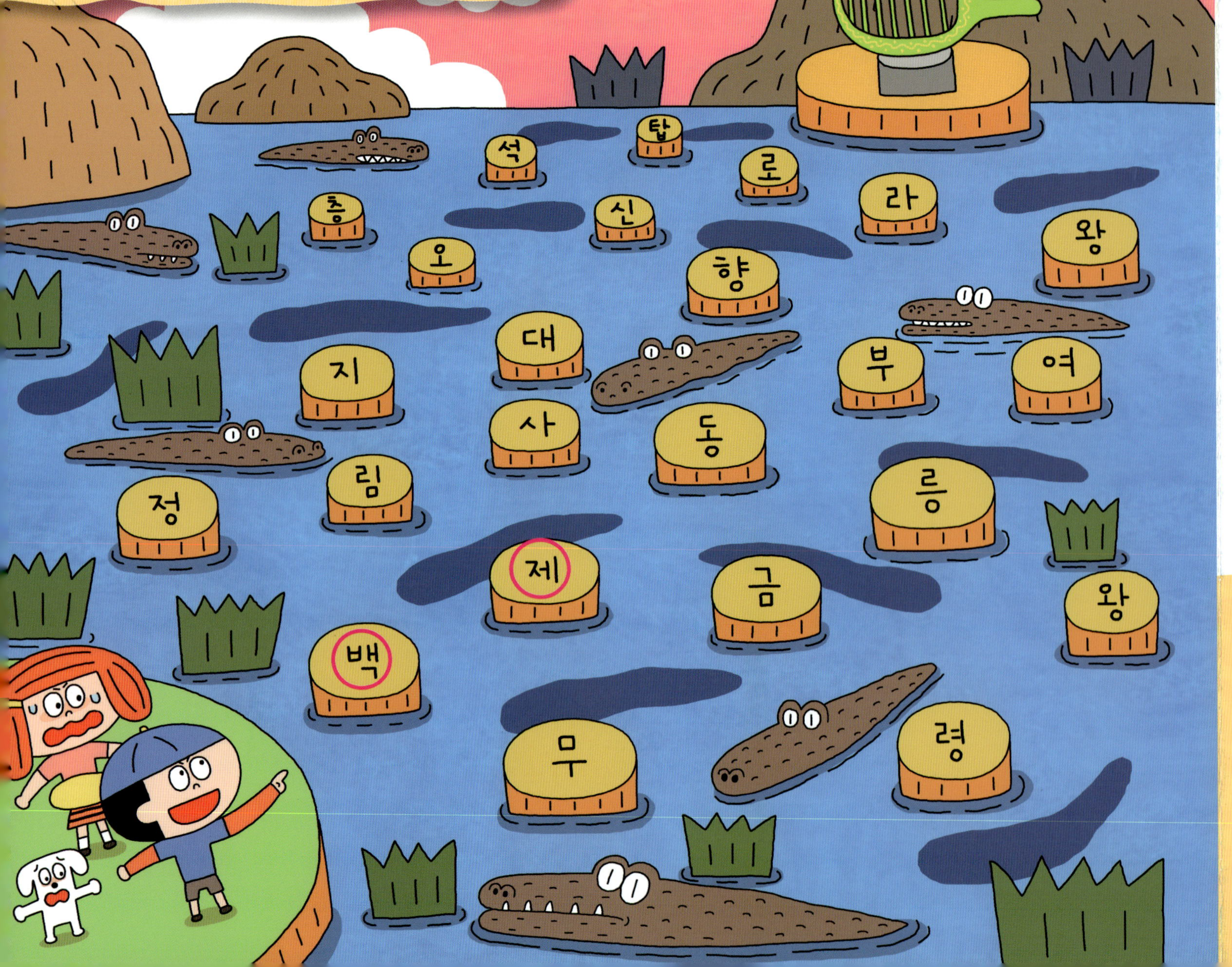

돌다리 퀴즈를 맞힌 한국사 수호대는 번개도둑으로부터 백제 금동 대향로를 지켜냈어요.

빗을 얻었어요. 어디에 쓰냐고요?

다음 네 번째 시간 여행지에서 한국사 수호대를 도와줄 물건이랍니다.

삼국 시대 중 고구려, 백제 여행을 끝냈어요.

이제 신라만 남았네요.

그나저나 번개도둑은 신라로 갔을까요?

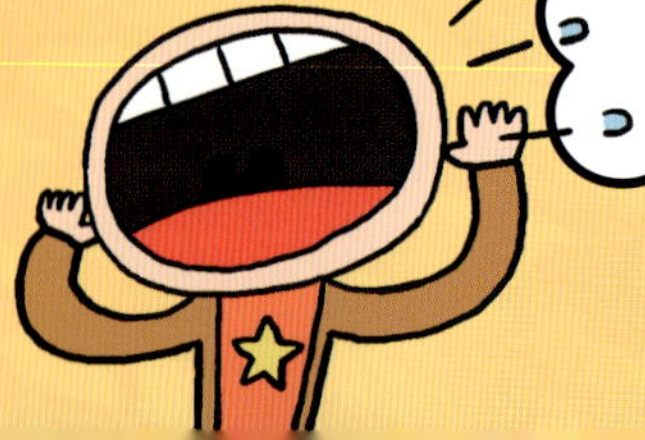

〈못말리는 한국사 수호대〉의 네 번째 시간 여행을 기대해 주세요.

아참, 보물 카드는 버리지 말고 간직해 주세요.

언젠가 꼭 필요한 순간이 올지도 모르니까요.

무왕과 선화공주 37~38쪽

의자왕 47~48쪽

보물 조각 퍼즐 맞추기 51쪽

돌다리 퀴즈 61쪽

백제 카드 게임 58~60쪽

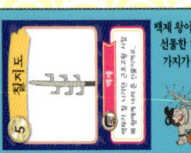

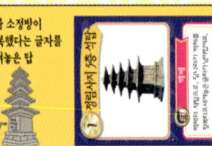

백제 카드

무왕 — 9
백제
신비한 꿈을 꾸고 미륵사를 세운 백제의 왕이에요.

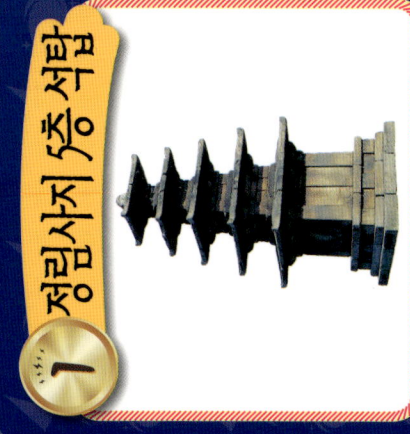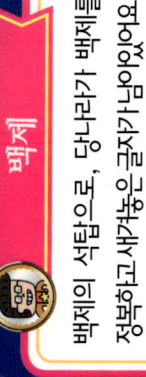

정림사지 5층 석탑 — 1
백제
백제의 석탑으로, 당나라가 백제를 정복하고 새겨놓은 글자가 남아있었어요.

무령왕릉 — 7
백제
충청남도 공주에 있는 백제 무령왕과 왕비의 무덤이에요.

금동 대향로 — 8
백제
부여 능산리의 절터에서 발견된 백제의 향로예요.

칠지도 — 5
백제
백제가 잘 나가던 근초고왕 시절 왜왕에게 내려 준 선물이에요.

의자왕 — 3
백제
무왕의 아들로, 백제의 마지막 왕이에요.

온조 — 4
백제
주몽의 아들이자 비류의 동생이고, 백제를 세운 왕이랍니다.

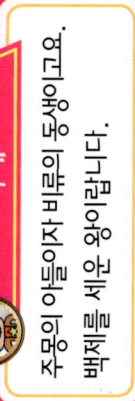

미륵사지 석탑 — 2
백제
익산 미륵사 터에 있는 백제의 석탑이에요.

우리 아이 궁금증 해결을 위한 친절한 가이드

우리 아이에게 **우리 역사**를 먼저 만나게 해준 어머님들. 고맙습니다.
우리 아이가 책을 읽다가, 그림을 보다가 엄마에게 질문하더라도 당황하지 마세요.
엄마를 위한 **학습 가이드**를 준비했어요.
엄마가 먼저 읽으시고 우리 아이에게 엄마의 목소리로 친절하게 설명해 주세요.
아이의 **역사적 상상력**이 쑥쑥 자라날 수 있도록 격려해 주세요.

백제, 삼국 중 가장 먼저 전성기를 누리다

백제는 고대 국가의 기틀을 갖추자마자 삼국 중 가장 먼저 전성기를 맞습니다. 이처럼 백제가 빠르게 발전할 수 있었던 이유는 무엇일까요? 바로 한강 유역을 기반으로 건국되었기 때문입니다. 온조는 한강 유역인 위례성에 도읍을 정하고 백제를 세우죠.

한강 유역은 비옥한 평야로 이루어져 있어 일찍부터 농경이 발달하였고 황해를 통해 직접적으로 중국의 선진 문물을 받아들일 수 있었어요. 그래서 삼국은 서로 한강 유역을 차지하기 위해 항쟁하였고 한강 유역을 차지한 나라가 전성기를 누리며 한반도의 주도권을 장악할 수 있었던 것입니다. 그리하여 한강 유역을 기반으로 성장한 백제가 4세기 제일 먼저 전성기를 맞고요. 5세기에 고구려가, 6세기에 신라가 한강 유역을 차지하며 전성기를 맞게 됩니다.

큰★별쌤이 엄마에게

저는 가끔 이런 생각을 합니다. 고구려 광개토 태왕과 백제 근초고왕이 같은 시기에 만났다면 어땠을까? 고구려 광개토 태왕과 백제 근초고왕 모두 엄청난 영토 확장을 이룬 정복 군주였죠. 이 두 사람이 실제로 만났다면 중국의 삼국지보다 훨씬 재미있는 한반도의 삼국지가 탄생하지 않았을까요? 하지만 근초고왕이 375년에 죽고 광개토 태왕이 374년에 태어나니 이 둘의 만남은 성사 될 수 없었죠.

우리 아이들과 역사를 공부하실 때 사실을 외우게 하기보다 이렇게 상상력을 발휘하면서 그 시대 사람들과 이야기 해보는 훈련을 해보세요.

그러면 역사가 정말 재미있게 느껴질 겁니다.

자, 그럼 백제 시대로 출발해보겠습니다.

내가 제일 잘 나가, 근초고왕

백제의 전성기를 이룬 왕은 근초고왕입니다. 근초고왕은 남쪽의 마한을 정복하고 고구려를 공격하여 황해도 지역까지 영토를 확장했어요. 이 때 근초고왕의 평양성 공격으로 고구려의 고국원왕이 전사하기도 했지요. 고구려 역사상 전쟁에서 왕이 전사한 경우는 이때가 처음이자 마지막이었습니다. 그만큼 4세기 백제가 강성했다는 이야기입니다. 그리고 백제는 중국의 동진과 우호 관계를 맺고 일본의 규슈, 중국의 요서 지역과 교류하죠.

백제의 근초고왕은 이처럼 적극적으로 영토를 확장하고 활발하게 대외 교류를 했습니다. 그 근거를 보여 주는 유물이 있어요. 바로 근초고왕 때 백제에서 만들어 왜에 전해 주었다고 알려져 있는 칠지도예요. 칠지도는 일곱 개의 가지가 있는 칼이라는 뜻이지요. 그런데 그 칼 가운데 가지를 보면 금金상감 기법으로 글자가 새겨져 있어요. 백 번이나 단련한 강철로 만든 칼이며 지금까지 이런 칼은 없었다는 내용이 담겨 있지요. 당시 백제의 자신감이 느껴지지 않나요?

하긴 고구려의 왕을 전사시킬 정도였으니 근초고왕 시대 백제의 자신감은 대단했을 겁니다. 이러한 모습이 칠지도에 반영된 것이지요.

무령왕, 위기에 빠진 백제를 구하다

그런데 전성기는 오래가지 않는다고 했지요? 영원한 것은 존재하지 않아요. 백제가 주춤하던 5세기에 강력한 상대가 등장합니다. 바로 고구려입니다. 고구려의 공격으로 백제의 개로왕이 전사하고 한성이 함락되지요. 그래서 도읍을 지금의 충청남도 공주인 웅진으로 옮깁니다.

비록 수도가 불타고 왕이 죽음을 맞았지만, 백제는 그렇게 쉽게 무너지지 않았습니다. 백제엔 무령왕이 있었거든요. 무령왕은 웅진에서 백제의 위기를 극복하기 위해 노력합니다. 지방에 22담로를 설치하고 왕족을 파견하여 지방 세력들을 장악하면서 약해진 왕권을 강화합니다.

훗날 이 무령왕의 무덤이 도굴되지 않은 온전한 모습으로 발굴되죠. 무령왕릉은 벽돌로 만들어져 있는데요, 이는 중국의 남조와 교류했음을 알려주는 증거이기도 합니다. 또 발굴된 유물을 통해서 왜와 교류한 사실도 알 수 있고요. 이처럼 무령왕은 지방 통제를 강화하고 주변국들과 활발히 교류하며 국력을 다시 키웁니다.

온조와 비류

1. 유리가 고구려의 태자가 되자 온조와 비류는 고구려를 떠나 남쪽으로 내려왔어.
2. 온조와 비류를 따르는 무리들도 함께 내려왔지.
3. 온조와 비류가 각자 살기 좋은 곳을 찾아 자리를 잡았어.
4. 비류가 자리잡은 미추홀은 바닷가 근처였던 탓에 물이 짜서 농사가 잘 되지 않았어.
5. 온조는 토지가 비옥하고 교통이 좋은 한강 근처에 도읍을 정하고 위례성이라고 했어.
6. 비류는 척박한 곳에 나라를 세운 자신의 잘못을 부끄러워 하다 결국 죽고 말았어.
7. 비류를 따르던 백성들은 온조에게로 갔지.
8. 그 후 온조는 백성이 많아지고 나라가 커지자 나라 이름을 백제라 하였어.

백제, 한강 유역을 빼앗기다

6세기 들어 백제를 일으켜 세우기에 웅진은 너무 좁다고 여긴 성왕은 도읍을 다시 사비로 옮깁니다. 지금의 충청남도 부여지요. 성왕은 국호를 남부여로 바꾸고 백제 부흥의 깃발을 내걸죠. 사비에서 성왕의 목표는 다시 한강 유역을 되찾는 거였어요. 백제가 한강 유역에서 출발했기 때문이지요. 백제 성왕은 신라와 손잡고 한강 유역을 다시 차지합니다. 그런데 진흥왕이 배신하여 한강 하류를 다시 빼앗겨요. 그리고 성왕도 관산성 전투에서 전사하죠.

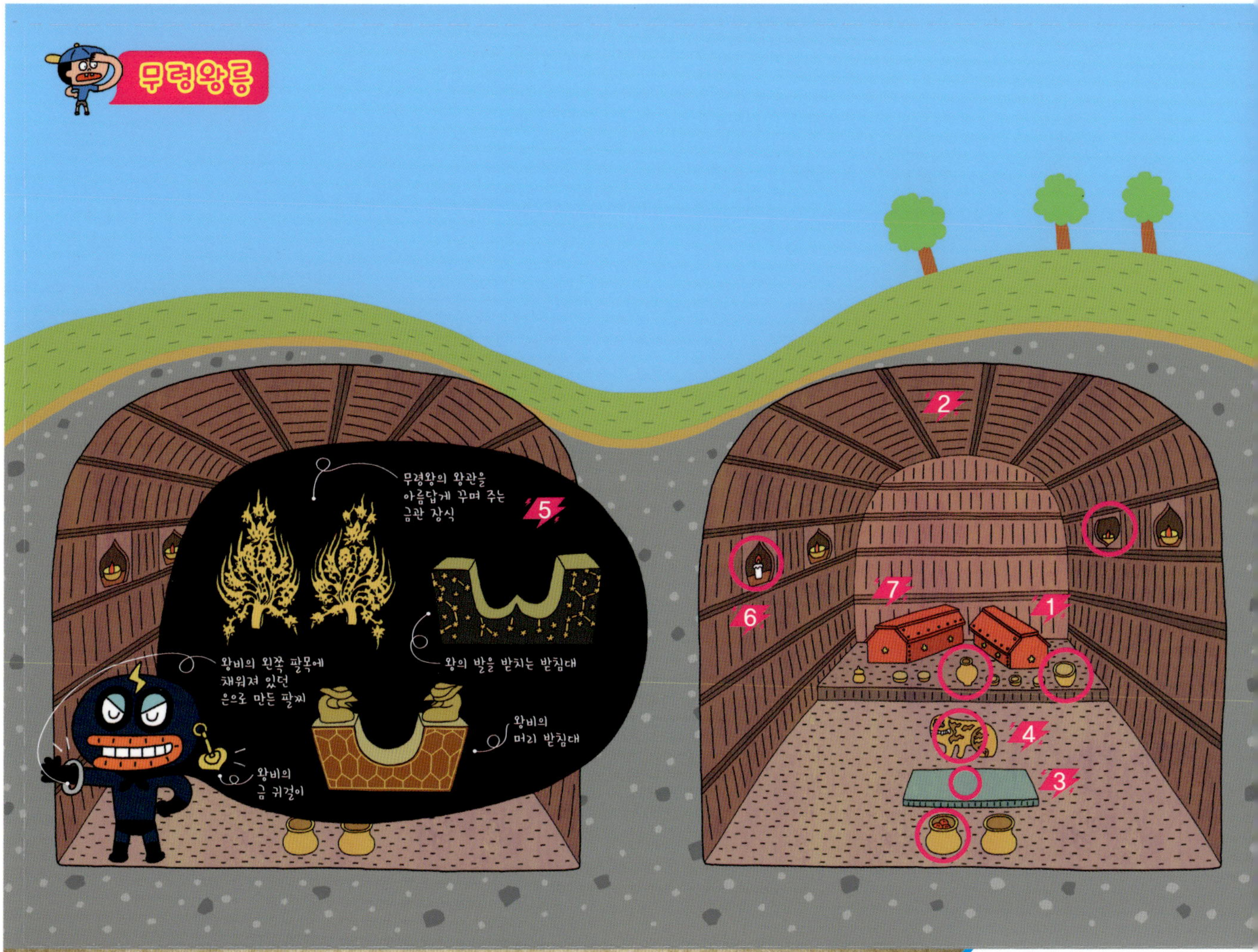

무령왕릉

무왕과 선화공주의 사랑 이야기

성왕의 죽음으로 백제는 한강 유역 탈환의 꿈을 이루지 못하지만 이후 성왕 못지않게 백제의 부흥을 위해 힘을 쏟은 왕이 있었습니다. 바로 익산 미륵사를 창건한 무왕이지요.

무왕하면 서동요가 떠오르시죠?

어린 시절 서동으로 불렸던 무왕이 신라의 선화공주를 사모한 나머지 서동요를 퍼트려 결국 결혼에 성공하고 왕이 된 다음 선화공주를 위해 미륵사를 창건했다는 설화가 전해지지요. 그런데 미륵사지 석탑 해체 보수 작업 때 이 이야기를 뒤집는 유물이 나옵니다. 과연 서동과 선화공주의 사랑이야기는 진실일까요? 꾸며진 일일까요?

무령왕릉

1. 무령왕은 백제의 25대 왕으로 백제를 다시 강한 나라로 만들기 위해 노력했어.

2. 백제의 무덤 중에서는 도굴이 되지 않은 무덤이 없었는데 배수로 공사 중 우연히 무령왕릉이 발견되었지.

3. 발굴 당시 무덤의 주인이 누구인지 쓰여있는 지석이 발견되어 이 무덤이 무령왕의 무덤임을 알 수 있었어.

4. 무덤 입구에는 붉은 입술을 한 돌로 된 동물이 놓여 있었는데 아마도 무덤을 지키는 수호신과 같은 것이었을거야.

5. 무령왕릉에서는 왕과 왕비의 관을 꾸미는 장식, 베개, 발받침, 귀걸이, 칼 등 수많은 장신구들이 발견되었어.

6. 무령왕릉은 벽돌무덤인데 백제가 중국 남조와 교류한 사실을 알려주지.

7. 왕과 왕비의 관은 일본산 적송으로 제작되었는데 백제가 왜와도 활발히 교류했다는 것을 알 수 있어.

 백제의 마지막 왕, 의자왕

무왕의 뒤를 이은 의자왕 역시 신라의 여러 성을 공격하는 등 다시 전성기를 되찾기 위해 노력합니다. 위기에 빠진 신라는 고구려와의 연결을 시도하지만 실패하고 당나라에 도움을 요청합니다. 나·당 연합군은 엄청난 군대를 이끌고 백제로 밀고 들어오죠. 백제의 계백은 5천의 결사대를 이끌고 나·당 연합군과 맞서 싸우지만 황산벌에서 무너지고 맙니다. 결국 사비성이 함락되고 백제는 멸망하지요. 의자왕은 당으로 끌려가고요. 다시 백제로 돌아오지 못하고 죽음을 맞습니다.

백제의 건축물 중에서 유일하게 제자리에서 온전한 모습으로 서있는 탑이 있어요. 바로 정림사지 5층 석탑입니다. 백제의 미를 대표하는 이 우아한 탑에는 아픈 흔적이 남아있습니다. 당나라의 장수가 자신의 공을 뽐내는 글귀를 새겨 놓은 것입니다. 그래서 한때 일본인들에 의해 평제탑이라 불리기도 했죠. 이처럼 사비에서 정림사지 5층 석탑, 백제 금동 대향로와 같은 빼어난 문화유산을 남기며 부흥을 꿈꿨던 백제는 이렇게 역사 속으로 사라지게 됩니다.

 ## 무왕과 선화공주

1. 백제에서 마를 팔던 서동은 신라 선화공주를 보고 첫눈에 반했어.
2. 서동은 동네 아이들에게 마를 나눠주며 '선화공주가 남모르게 서동을 만나 몰래 사랑을 나눈다'라는 내용의 노래를 가르쳐주었지.
3. 이 노래는 온 나라에 퍼지고 결국 선화공주의 아버지인 신라 진평왕의 귀에까지 전해져. 화가 난 진평왕은 선화공주를 궁 밖으로 쫓아내지.
4. 서동은 기다리고 있다가 선화공주를 백제로 데려가.
5. 서동의 집으로 간 선화공주는 형편이 안 좋은 것을 보고 어머니가 몰래 싸주신 금을 내놓았어. 그런데 서동은 자기가 마를 캐는 산에 황금이 널렸다고 하면서 선화공주에게 보여줘.
6. 두 사람은 이 황금을 진평왕에게 보내고 진평왕은 서동의 지혜에 감탄해 두 사람의 결혼을 인정했어. 또 서동은 사람들의 인심을 얻어 백제 30대 왕인 무왕이 되었지.
7. 무왕은 연못을 파고 엄청난 규모의 미륵사를 세워 백제의 힘을 자랑했어.
8. 또한 무왕은 신라에 빼앗긴 영토를 되찾기 위해 군사를 훈련시키고 신라와 크고 작은 전투를 벌였지.
9. 무왕은 고구려가 침략하여 백제의 백성을 포로로 잡아가자 외교 관계를 통해 고구려를 견제하고자 했어.
10. 당에 해마다 사신을 보내고 왜에도 서적을 보내거나 불교를 전파하는 등 돈독한 관계를 맺지.

 ## 의자왕과 계백

1. 무왕의 뒤를 이어 왕이 된 의자왕은 신라의 여러 성을 공격해 영토를 확장하고 외교적으로 힘쓰는 등 모범적인 정치를 했어. 이에 신라는 당에 구원을 요청하지.
2. 의자왕은 왕권이 안정되자 충신의 말은 듣지 않고 간신들의 말에만 귀를 기울였으며 궁궐을 크게 다시 짓는 등 사치와 향락에 빠졌어.
3. 그러던 중 나·당 연합군이 백제로 쳐들어왔고 제대로 된 방비를 하지 못한 백제는 큰 위기를 맞게 되었지.
4. 백제의 계백은 5천의 결사대를 이끌고 10배가 넘는 신라군과 맞서 싸웠어. 죽을 각오로 전쟁에 임한 계백은 김유신이 이끄는 신라군을 상대로 4번 싸워 모두 승리를 거뒀지.
5. 그러나 신라의 어린 화랑 관창이 죽자 신라군은 다시 결의를 다지며 백제군을 총공격했어.
6. 결국 계백은 황산벌 전투에서 전사하고 나·당 연합군에게 사비성이 함락되며 백제는 멸망하게 돼.
7. 사비성이 함락된 뒤 의자왕과 신하들은 당에 포로로 끌려가고, 의자왕은 얼마 뒤 병을 얻어 죽고 말지.

초판 11쇄 발행 2025년 10월 15일
초판 1쇄 발행 2018년 2월 28일

글 | 최태성, 윤소연
그림 | 신동민
감수 | 모두의 별별 한국사 연구소, 강승임
발행인 | 손은진
개발 책임 | 김문주
개발 | 김숙영, 서은영, 민고은
제작 | 이성재, 장병미
디자인 | 한은영, 오은애
마케팅 | 엄재욱, 김상민

발행처 | 메가스터디㈜
출판사 신고 번호 | 제2015-000159호
주소 | 서울시 서초구 효령로 304 국제전자센터 24층
전화 | 1661-5431
홈페이지 | http://www.megastudybooks.com
출간제안/원고투고 | 메가스터디북스 홈페이지 <투고 문의>에 등록

이 책은 메가스터디(주)의 저작권자와의 계약에 따라 발행한 것이므로
무단 전재와 무단 복제를 금지하며, 이 책 내용의 전부 또는 일부를 이용하려면
반드시 저작권자와 메가스터디(주)의 서면 동의를 받아야 합니다.
잘못된 책은 구입하신 곳에서 바꾸어 드립니다.

메가스터디BOOKS

'메가스터디북스'는 메가스터디㈜의 교육, 학습 전문 출판 브랜드입니다.
초중고 참고서는 물론, 어린이/청소년 교양서, 성인 학습서까지
다양한 도서를 출간하고 있습니다.

- 제품명 못말리는 한국사 수호대 3권
- 제조자명 메가스터디㈜ · 제조년월 판권에 별도 표기 · 제조국명 대한민국 · 사용연령 3세 이상
- 주소 및 전화번호 서울시 서초구 효령로 304(서초동) 국제전자센터 24층 / 1661-5431